Glänzende Aussichten

99 Karikaturen zu Klima, Konsum und anderen Katastrophen

3 **Reiner Schwalme**

Vorwort

„Humor ist, wenn man trotzdem lacht."

Der Satz, der dem deutschen Schriftsteller Otto Julius Bierbaum (1865-1910) zugeschrieben wird, bleibt aktuell.
Angesichts von Kriegen und Katastrophen, von Hunger, Armut und täglich begangenen Ungerechtigkeiten bleibt uns aber oft das Lachen im Halse stecken. Dennoch dürfen wir den Humor nicht verlieren. Humor lässt uns die Dinge aus einer anderen Perspektive betrachten und zeichnet so die Realität manchmal klarer und ungeschminkter. Humor macht zugleich Mut, anzupacken und zu ändern, was geändert werden muss. Nicht umsonst waren es an den alten Königshöfen die Narren, die auch Missstände und Unrecht benennen und dadurch Besserung erreichen konnten.

Humor hilft, trotz allem die Hoffnung zu bewahren. Gründe zu verzweifeln gäbe es mehr als genug. So zeigen sich die Folgen des Klimawandels in immer häufigeren Dürren und immer heftigeren Taifunen. Wir kennen auch die Auswirkungen unseres europäischen und nordamerikanischen Produktions- und Konsumverhaltens auf die Entwicklungsländer in Afrika, Asien und Lateinamerika.
Wir müssen unser Leben ändern! Die Karikaturen konfrontieren uns mit der Realität und rufen zur Umkehr auf. Ein paar Beispiele aus der Karikaturenausstellung:
Wir setzen uns für weltweite Gerechtigkeit ein und freuen uns trotzdem über den nächsten Schnäppchenkauf (3); wir fahren mit dem spritfressenden SUV zum Bioladen, weil Bio ja so viel besser ist für die Umwelt (12); wir beißen herzhaft ins Würstchen, ohne uns Gedanken zu machen, unter welchen Bedingungen das Schwein gehalten, wo und wie sein Futter produziert wurde (16); wir schreiben uns die Menschenrechte auf die Fahnen und lassen Bootsflüchtlinge im Mittelmeer ertrinken (68, 77).

Teils mit einem Zwinkern, teils sehr drastisch zeigen die Karikaturen Widersprüche auf, die in unserem persönlichen, gesellschaftlichen und politischen Handeln sichtbar werden. Ein herzhaftes Lachen hilft oft mehr als der erhobene Zeigefinger, um etwas zu verändern. Um besser zu sehen, klarer zu urteilen und entschiedener zu handeln, empfehlen wir Ihnen die Ausstellung und die Lektüre dieses Buches, die schonungslos offenlegen, was in unserem Alltag und in der Politik so alles schief läuft, und die gleichzeitig eine andere Perspektive eröffnen. Indem die Karikaturen uns zum Lachen bringen, regen sie zum Nachdenken an und fordern zum Handeln auf.
Lassen Sie sich überraschen und berühren, in Frage stellen und einladen zum Mitdenken und Mitwirken für mehr Gerechtigkeit und gutem Leben in einer besseren Welt.
Wir danken allen, die zum Gelingen dieser Ausstellung und dieses Buches beigetragen haben. Vor allem gilt unser Dank den Karikaturistinnen und Karikaturisten.

Dr. Ludwig Schick
Erzbischof von Bamberg

Pirmin Spiegel
Hauptgeschäftsführer von MISEREOR

ESSEN AUF RÄDERN

Meine Karikatur

Thomas Plaßmann
Karikaturist

„Essen auf Rädern“

Eine der meistgestellten Fragen, denen sich der Karikaturist gegenübersieht, lautet in etwa: „Wie kommen Sie bloß immer auf die Ideen?“. Hätte ich darauf eine klare Antwort, so würde das meine Arbeit außerordentlich erleichtern.

Allein, das Entstehen einer Karikatur ergibt sich nicht auf der Basis klar strukturierter Handlungsanweisungen oder eines verifizierbaren Entwicklungsprozesses. O nein. Es ist immer neu ein schwer voraussehbarer, von verschiedensten Faktoren abhängiger, manchmal chaotischer, kreativer Schöpfungsprozess. Wenngleich er immer drei Fragen durchlaufen muss, deren Beantwortung im Einzelnen, vom geistigen und zeitlichen Aufwand her, höchst unterschiedlich ausgeprägt sein können:

Die Fragen nach dem „Was“, dem „Wohin“ und dem „Wie“.
Was ist das Thema, das ich bearbeiten will?
Wohin will ich mit meiner Zeichnung kommen? Die Frage nach der Zielrichtung meines Kommentars, der Aussage meiner Zeichnung.
Wie setze ich das, was ich ausdrücken will, in Szene? – Also, welches Bild, welche Metapher finde ich, um das zu transportieren?

... und dann, dann darf gezeichnet werden.

Aber zum Glück macht es auch manchmal einfach plop und man hat das passende Bild ganz plötzlich vor seinem geistigen Auge. Das ist schön und reduziert Mühen und zeitlichen Aufwand auf ein erfreuliches Maß.

Und so war es auch bei der Zeichnung „Essen auf Rädern“.
Als mich die Tagespolitik veranlasste, näher über die Zusammenhänge zwischen dem Anbau pflanzlicher Rohstoffe zur Begrünung unseres Sprits und dem Hunger in der Welt nachzudenken, ergab sich unvermittelt das Bild der direkten Gegenüberstellung der Protagonisten dieses Zusammenwirkens in dessen schließlicher Zuspitzung.

Sowie... der Hinweis auf ein grundlegendes Wesensmerkmal menschlichen Handelns: Alles was wir tun – oder lassen – hat Konsequenzen.

5 **Freimut Woessner**

Meine Karikatur

„Brauchen Sie ’ne Tüte für den Korb?“

Diese Karikatur hat mich wirklich zum Lachen gebracht - weil sie so verblüffend einfach ist und die Absurditäten unseres Alltags auf den Punkt bringt. Und weil sie Mut macht, Mut, in den kleinen, fast banalen Dingen umzudenken – innezuhalten, nachzudenken über die Folgen meines Handelns und dann entsprechend anders zu handeln.
Ich mag an dieser Karikatur, dass sie mir eine realistische Möglichkeit bietet, etwas zu verändern. Sie ist ein kleines Gegengewicht zu den komplexen weltweiten Zusammenhängen, die ich kaum durchschaue, und die manchmal dazu führen, dass ich mich hilflos und ohnmächtig fühle und fast resigniere - weil ich darin eben nicht so leicht einen Ansatzpunkt für mein konkretes Handeln erkenne.
Natürlich geht das eine nicht ohne das andere, beides ergänzt sich: das Überdenken meines persönlichen Lebensstils und die politische Einflussnahme auf die Mächtigen, um die Welt gerechter zu gestalten.
Beides spielt in der Arbeit von MISEREOR schon seit seiner Gründung im Jahr 1958 eine wichtige Rolle. In der Gründungsrede gab der Kölner Kardinal dem „Werk gegen Hunger und Krankheit in der Welt“ einen dreifachen Auftrag mit auf den Weg:

- Hilfe zur Selbsthilfe für die Ärmsten der Armen – Projektförderung
- „Den Mächtigen ins Gewissen reden“ – politischer Auftrag
- Fastenaktion der deutschen Katholiken – pastoraler Auftrag

Die Fastenaktion ist die zentrale Kampagne MISEREORs und richtet sich an Gemeinden, Schulen, Verbände, Eine-Welt-Engagierte und die interessierte Öffentlichkeit. Als Umkehrbewegung fordert sie uns Jahr für Jahr heraus: Wie wollen wir leben? Von welcher Welt träumen wir? Welchen Beitrag kann ich persönlich leisten, damit alle Menschen in Würde leben können?

Mein Traum: Dass Sie und wir alle den Mut haben, im Alltag innezuhalten und kleine Veränderungen zu wagen. Denn mit jeder – realen oder symbolischen – Plastiktüte weniger verändert sich mehr als nur das Titelbild dieses Katalogs.

Angela Lohausen
Referentin für Pastoral- und Bildungsarbeit bei MISEREOR

CO2
It's the ECONOMY, stupid!
EU

Meine Karikatur

Petra Kilian
MISEREOR-Büro Berlin,
Bildungs- und
Öffentlichkeitsarbeit

„It's the ECONOMY, stupid!"

Mit einem einzigen Satz gewann Bill Clinton 1992 das Rennen ums Weiße Haus. „It's the ECONOMY, stupid!" stand landesweit auf den Plakaten seiner Anhänger. Vier Worte, die eine ganze Wahrheit enthielten und doch so eingängig waren, dass sie sich als Wahlkampfschlager entpuppten. „Es geht um die Wirtschaft, Dummkopf!" rief Bill Clinton vor allem dem damaligen Amtsinhaber George Bush entgegen, der sich auf der Weltbühne profilierte, während zuhause Arbeitslosigkeit und Armut stiegen.

Im selben Jahr, in dem die US-Amerikaner Clinton zum Präsidenten wählten, unterzeichneten 154 Staaten auf der Klima-Konferenz im brasilianischen Rio de Janeiro die UN-Klimarahmenkonvention. Damals betrug der weltweite CO_2-Ausstoß gut 22 Milliarden Tonnen. Und heute? Ist er nicht geringer geworden, sondern mehr: 2013 stieß die Welt 36 Milliarden Tonnen CO_2 aus – trotz weiterer Klima-Konferenzen und den dabei vereinbarten Verbindlichkeiten. Eine Trendwende sieht anders aus. Und damals wie heute stimmt Clintons Spruch: Es geht um die Wirtschaft.

Heiko Sakurai beschreibt es in seiner Karikatur trefflich: Wenn wir Wachstum um jeden Preis wollen und Klimaschutz nicht auf Kosten unserer Bequemlichkeit gehen soll, wenn der große EU-Tanker also unbeeindruckt Kurs hält, dann kann der kleine Eisbär auf seiner Scholle noch so sehr strampeln. Dann wird seine Welt untergehen. Wenn wir nicht wollen, dass die Eisscholle mitsamt Bär, Windrad und der Hoffnung auf eine nachhaltige Entwicklung im Meer versinkt – und wir mit ihr – müssen wir den Kurs ändern.
Und zwar jetzt.

7 **Oleg Gutsol**

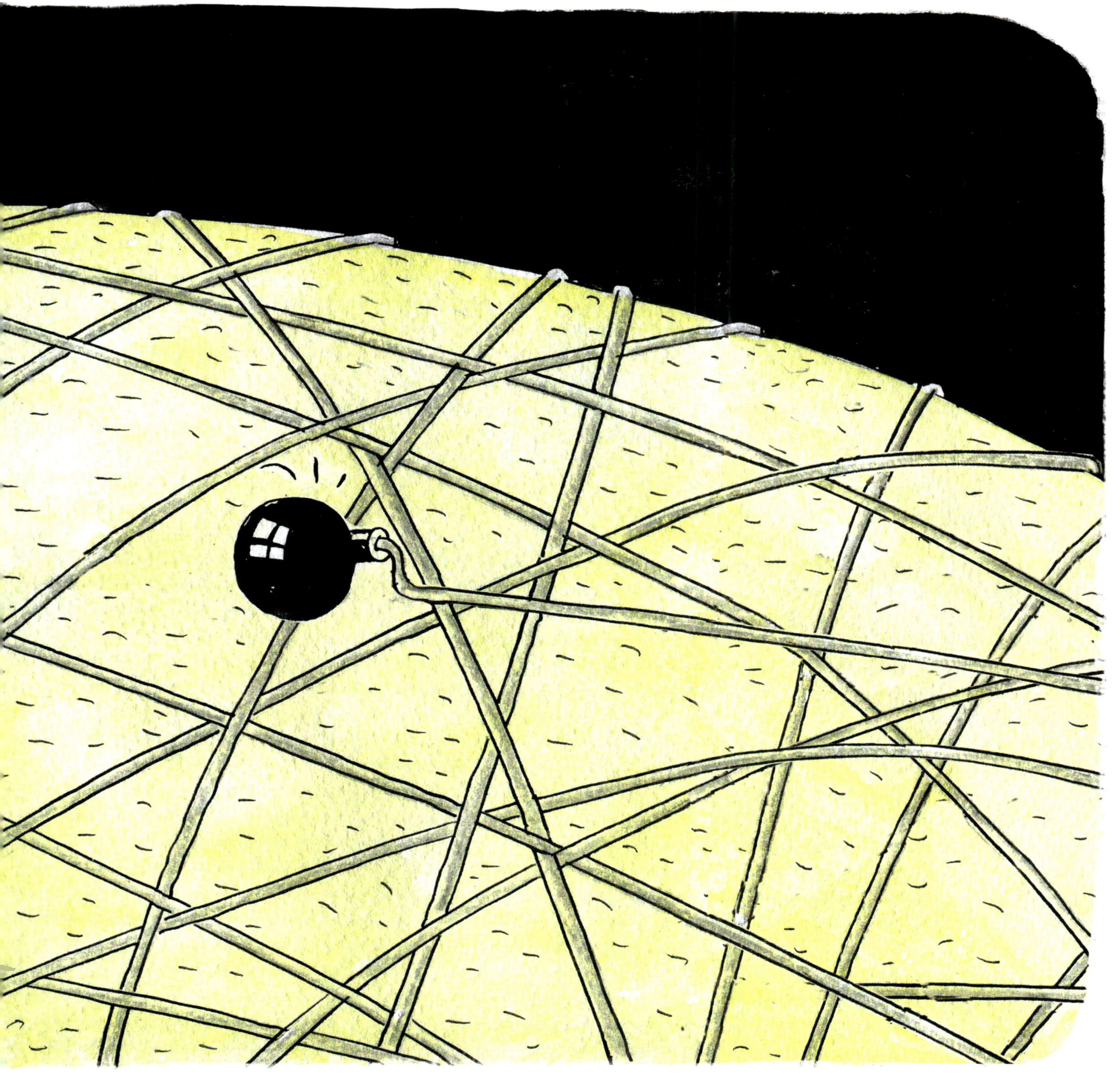

Alles BIO
Die Kartoffeln sind aus Bodenhaltung, oder...?
AH

Bewusst leben im Einklang mit der Natur
Seit wir Fledermäuse haben, findest Du hier nicht **eine** Fliege mehr...
AH

ICH WÜRDE JA AUCH LIEBER DEN BESEN NEHMEN, ABER MEIN RÜCKEN...
PERSCHEID

UM EINEN AKTIVEN BEITRAG ZUM KLIMASCHUTZ ZU LEISTEN, SCHRAUBTE JÜRGEN ENERGIESPARLAMPEN IN DIE SCHEINWERFER SEINES SUV.

Für die Umwelt ist mir kein Weg zu weit!
NATURK
T
B
RD 07

Zu Fuß zur Schule?!?
SCHULE
Bei dem Verkehr?!?
hup!
Ra

Ja meinst Du denn im Ernst, da wäre auch nur einer noch in sein Auto gestiegen, wenn wir das gewusst hätten damals?!
28. 11. 98
wössner

Aber selbstverständlich war das eine sanfte Hausschlachtung im Beisein der Bezugsperson!
Wössner

Man wirft nicht mit Würstchen !!
Dafür musste ein Schweinchen ganz viel Soja fressen, und viele arme Kinder mussten tagelang hungern ... !!!

Die Deutschen legen jetzt mehr Wert auf gesunde Ernährung !

Ich hab' ihm meine Verschmutzungsrechte für heute verkauft.

IM BIOSTALL

 Gerhard Glück

Herr Ebert hatte es geahnt. Der Klimawandel konnte über Nacht kommen.

SEIT FUTSCHIJAMA… ÄH, FUKUSCHIMA IST NICHTS MEHR SO WIE ES VORHER WAR!
DU SCHON!
PRUESTEL

WAS TUN SIE PERSÖNLICH GEGEN DIE ERDERWÄRMUNG?
KALTE WADEN-WICKEL!
PRÜSTEL

„... also merke: Wenn ich als Veganer hin und wieder mal ein Schnitzel esse, dann ist das mein ganz persönlicher Protest gegen den allgemeinen, unreflektierten Fleischkonsum..!!
AH

Tja, mein Lieber...
Ihre Plastik-Werte sind
katastrophal...
AH
Das Meer geht den Bach runter

Uran im Trinkwasser.!!!
Fränkischer Tag
Hauptsach im Bier is nix.
OLYMPIA

JETZT NOCH SCHÄRFER!
Zu scharf is auch nix.
1.999,-
© Pfohlmann 09

ER IST SÜSS ...
ABER SO ... KAUF-ZURÜCK-HALTEND!
TOMASCHOFF

TOMASCHOFF

SPIELWAREN
Warum weinst du denn, mein Kleiner?
Ich hab das alles schon!!
MESTER

Wenn die Fastenzeit beginnt...

ZUR RETTUNG DES WELTKLIMAS WERDEN ERSTE ENTSCHEIDENDE SCHRITTE UNTERNOMMEN

SUCHBILD: FINDE DEN BÖRSENSPEKULANTEN!

Oh!
Lasst euch nicht stören! Ich hab nichts gesehn!
SPEZIAL ENTSORGUNG T 0911/3570
johann mayr

Müll kann man überhaupt nicht trennen!
Es hat nämlich nur eine Silbe!
johann mayr

Lie
bp
fisherman's end

Seid schmackhaft, Jungs und Mädels! Nur so können wir ihnen ihr Gift Milligramm für Milligramm zurückgeben!
johann mayr

SIE MACHEN MICH WIRKLICH HEISS, HILDEGARD!... WIEWOHL – FOSSILE BRENNSTOFFE HABEN NUN MAL KEINE ZUKUNFT!

WIE SPAREN SIE STROM?
WIR KAUFEN NIE ENERGIE-DRINKS!
PRUESTEL

Bist du für oder gegen Fracking?
Niemand!
Wer will das wissen?

HOME, SMARTHOME

ES IST WEGEN DER THAILÄNDISCHEN EHEFRAU, DIE ICH BESTELLT HABE. DA WAREN KEINE LUFTLÖCHER IM KARTON!
PERSCHEID

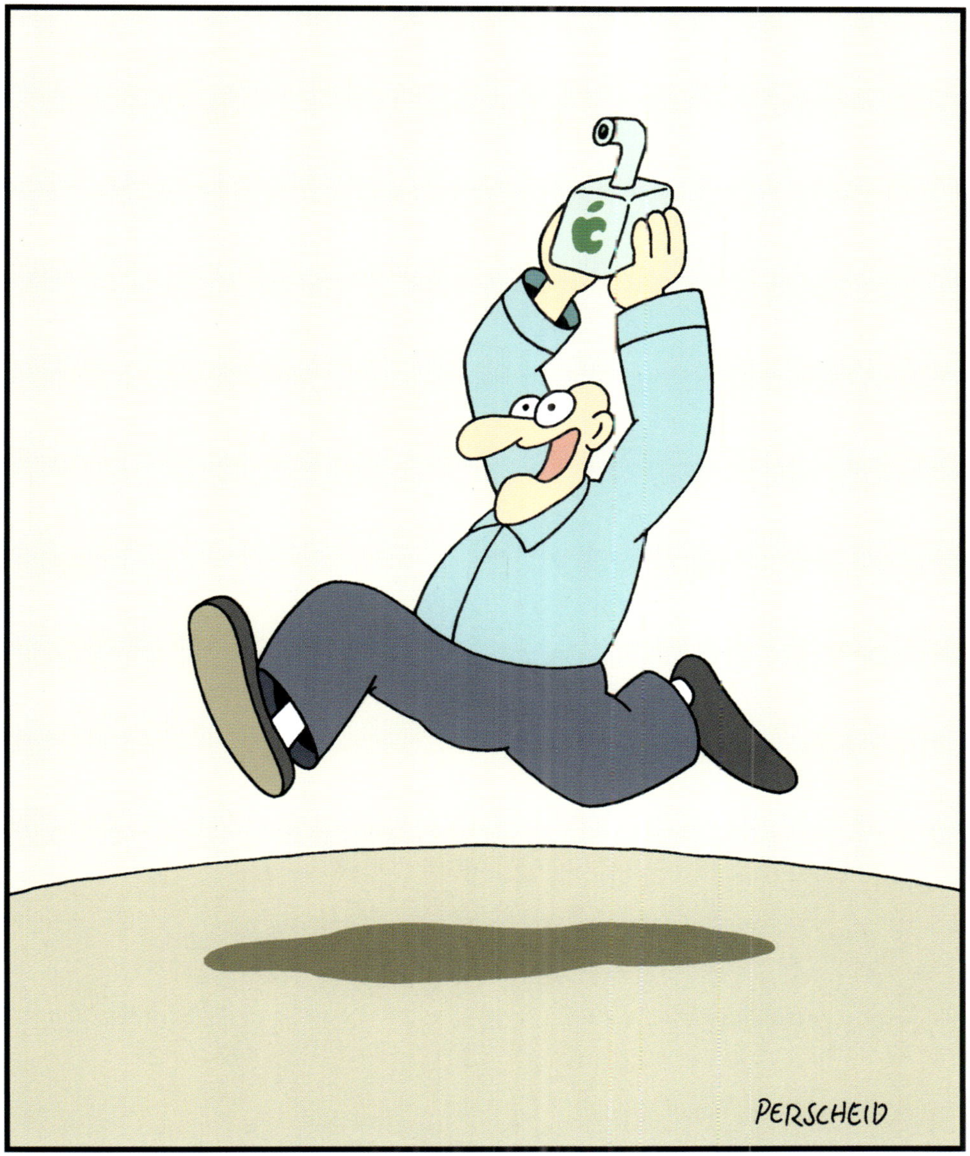

ENDLICH DA: DAS NEUE I-DINGS !

WAS HATTEST DU EIGENTLICH GEGEN MALLORCA EINZUWENDEN?
Hanel

Gibt es ein Entrinnen vor dem Fluch der neuen Welt?

TIL
OH, MIT EINGENÄHTEM HILFERUF!!! DAS BRINGT AUF EBAY RICHTIG GELD!

Ach, wie süß!
Dieser Teppich wurde hergestellt von:
Pablo
KRUMBIEGEL

AUF DRUCK VON UMWELTORGANISATONEN:

MÖBELPRODUZENTEN STARTEN WIEDERGUTMACHUNGSPROGRAMM

MORNG WOLLD I MEIN LEEMS SCHDIEL ÄNDÄN...
... GROD NOMOL SCHWEIN G'HABD!
Marc Buchner 2015

TIL
WIR GEBEN NIX, ABER WIR LADEN ES BEI YOUTUBE HOCH UND KLICKEN „MAG ICH"
DANKE

MEINE TOCHTER
IST IN 'NEM KLOSTER
IN TIBET!
ZUM SHOPPEN?
POLO

Drei Kisten Austern für Hotel "Hilton" schon mal anmelden!
Jeansstoff unterwegs zum Nähen nach Bangladesh!
Flugkapitän Crow mit chinesischem Spielzeug an Bord!
Hallo, Tower! - Melde Landeanflug mit gepuhlten Krabben aus Algerien!
Hi, Airport! - Super frische Erdbeeren aus Marokko!!!
Flug 883 meldet: Anflug auf türkische Tomaten für Germany!
H. JAČEK '14

Die Frage bei diesem Freihandelsabkommen ist doch: Wollen wir wirklich von amerikanischen Konzernen regiert werden?!...
WOESSNER
... oder vielleicht nicht doch lieber von europäischen?!

BIOSPRIT
HOME
MADE
FUEL

ICH BIN KONSEQUENTER VEGANER-
NUR KÖRNER,
ZUCKER,
WASSER!
KORN
KLARE
32°
HENNIGER

Die neuen EU-Genmaissorten!

 Markus Grolik

Markus Grolik

DIES ALLES, MEIN SOHN, WIRD EINES TAGES DIR GEHÖREN
Lie

Erik Liebermann

MARLENE POHLE

„NA, WO ISSER DENN, DER PAPA?"

KRUMBIEGEL
Neue Energien: Kommt nach Grünstrom bald Gelbstrom?

ENERGIE-
WENDE

Suchen Sie Schutz vor der Klimakatastrophe? Immer HINEIN in die gute Stube!

FRONTEX
Liebe potenzielle Flüchtlinge, diesen humanitären Schutzwall hat die EU hier für Sie errichtet, um künftige Tragödien zu verhindern!

KÖNNTEN SIE NÄCHSTE WOCHE NOCHMAL WIEDERKOMMEN?
WIR WISSEN NOCH NICHT, WIE WIR IHNEN HELFEN KÖNNEN.
TIL

Fachleute für Deutschland

Man könnte hier jetzt mehrere Brunnen bohren!
BURKH

Öl-Lobby gegen UN-Klimareport

MAIS
WEIZEN
AGRAR-
BÖRSE
SPENDE

Wasser!!
Wasser! Alles auf Wasser!! Banken, Öl und Autos abstoßen!!!
ZOCK & CASH INVESTMENTS

ENERGIE-
VORRÄTE
LR

SCHATTENSEITEN DES KLIMAWANDELS

FLÜCHTLINGSELEND

Horst-Dieter? Irgendwie schmilzt alles dahin!
Jetzt sieh nicht gleich schwarz! Die arbeiten sicher schon an der Entwicklung von Kunststoffschollen!

Ich bin ja total gespannt, wer nach uns ausstirbt!
johann mayr

Ab sofort:
Frühbucher - Rabatt
von 20 % !
DIE KLIMAKATASTROPHE
KOMMT BESTIMMT !
Arche Noah
H. JAČEK '08

... man sagt ihnen
große Intelligenz nach!
Schoenfeld 14

Ab 2020 retten wir dich!
Versprochen!!

DAS SCHLIMMSTE IST, DASS DIESE ÖKO-GAMMLER RECHT HATTEN!
TIL

IM GRUNDE BIST DU FÜR DEINE ZUKUNFT PASSEND GEKLEIDET!

©SOBE

Die Herren meinten, Sie übernähmen die Rechnung !
UMWELT
RENTEN
ATOM
STAATSVER-SCHULDUNG
BANKEN
johann mayr

SIE SOLLÄDN IÄN LEEMS-SCHDIEL ÄNDÄN!

Notfälle zuerst!!
G20
GIPFEL
WARTEZONE
UMWELT
HUNGER
ARMUT
KLIMA

Rating-Agenturen werden immer dreister

Vierzig Jahre-
einfach so vorbei.
Das halbe Leben futsch!
Und was hab' ich gemacht?
Geackert. Nix als
geackert!
Alles für den Job und die
Karriere geopfert. Und
gegönnt hab' ich mir
Null.
Vierzig Jahre hab' ich gebraucht,
um zu merken, daß das Leben
nicht nur aus Arbeit
besteht.
Aber damit ist jetzt Schluß!
Ab sofort wird GELEBT!
Hast du 'nen Tip,
was ich machen könnte?

Dieter hat beschlossen, sein Leben zu ändern und nochmal ganz von vorn anzufangen.

KARL?! SIND DEINE GANZEN ELEKTROGERÄTE ENDLICH AUFGELADEN?!
ZAK

Newsscreen
Pfohlmann 14

DU FLIEGST ECHT IMMER NUR VON HAUFEN ZU HAUFEN ODER?
HAUPTSACHE MOBIL!
POLO

ZUM LETZTEN MAL:
DAS IST **NICHT** DER KLIMAWANDEL,
DU **BIST** IN DER HÖLLE !

Wozu sollen wir beten, wir haben doch alles!
Für die anderen, die nichts haben!
Als ob die davon satt würden!
johann mayr

DER LETZTE KLIMAGIPFEL

Renate Alf
Geboren 1956 in Göttingen. Studium (Biologie und Französisch) in Freiburg, anschließend Referendariat am Gymnasium. Hinterher lieber als Cartoonistin gearbeitet. Zurzeit regelmäßig in den Zeitschriften kindergarten heute, Erziehungskunst und mit kindern wachsen.
Verheiratet, 4 Kinder,
1 Enkelkind.
Bücher:
Schule ist, wenn man trotzdem lacht! (2008)
Der reinste Kindergarten! (2009)
Echte Fünfziger! (2012)
Der reinste Kindergarten 2 (2013)
Cartoons für LehrerInnen (2015)

13

Anjo (Haase)
Geboren 1971 in Hannover.
Zeichnet seit über 20 Jahren Cartoons und wurde dabei vom collagenhaften Stil des Cartoonisten Kriki beeinflusst. Integriert mit besonderer Freude Alte Meister in seine Cartoons. In seinem „anderen Leben" schreibt Anjo Haase Gebrauchsanweisungen und findet das „unfreiwillig komisch".
2010 Nominierung zum Deutschen Cartoonpreis (Carlsen Verlag), 2011 3. Platz beim Cartoonwettbewerb „... bis zum Abpfiff", Teilnehmer bei der Ausstellung CARICATURA VI in Kassel.
Seit 2012 Veröffentlichungen im Eulenspiegel.
2013 ist der Comicstrip „Frau Kermle und der kleine Kapitalismus" entstanden, der seitdem zweiwöchentlich in der Jungle World erscheint.
Lebt und arbeitet in Fürth.

95

Marc Buchner
Geboren 1963 in Bamberg und lebt noch (dort).

49, 87

Burkh
Als Burkhard Fritsche 1952 in Mölln geboren. Studium Bildende Kunst in Münster. Lebt seit 1996 in Köln, verheiratet, 1 Kind.
Seit 1980 freier Cartoonist und Zeichner des Lebens wie es ist. Von 1985 bis 1997 Lehraufträge für Cartoon, Comic und satirische Illustration an der Universität Münster und der FH für Design in Münster.
Veröffentlichungen u. a. in Pardon, Konkret, Titanic, Kowalski, Eulenspiegel, Metall, taz, Die Zeit, Zeitmagazin, SZ, Stuttgarter Zeitung, Sonntag aktuell u. v. a.
Zahlreiche Preise und Ausstellungen im In- und Ausland; bisher 14 Cartoonbücher, 1 Zeichentrickfilm (Hund beißt Briefträger) und 1 animierte Bildgeschichte.
www.burkh.com

57, 69, 70, 71

Rainer Ehrt

1960 in Elbingerode (Harz) geboren. Studium an der Hochschule für Kunst und Design Halle (Burg Giebichenstein).
Seit 1989 freie Grafik, Cartoon, Illustration, Plakat, Holzplastik und Kunstprojekte. Eigene Künstlerbücher und Mappenwerke.
Lebt und arbeitet in Kleinmachnow bei Berlin.
ehrt-cartoon.de

54, 55, 98

Gerhard Glück

1944 in Bad Vilbel bei Frankfurt am Main geboren.
1966-1970 Grafik-Design-Studium an der Werkkunstschule Kassel.
1972-1975 Studium der Kunsterziehung für Gymnasien.
Seit 1976 im Schuldienst.
1984/85 Lehraufträge für Karikatur und Illustration an der Gesamthochschule Kassel.
Zeichnet seit 1973 Cartoons und Illustrationen für in- und ausländische Magazine und Zeitungen. Zahlreiche Ausstellungsbeteiligungen im In- und Ausland.
Lebt in Kassel.
www.gerhard-glueck.de

20, 21

Greser & Lenz

Seit sich Achim Greser (geb.1961 in Lohr/Main) und Heribert Lenz (geb. 1958 in Schweinfurt) beim gemeinsamen Studium an der Fachhochschule Würzburg kennen gelernt haben, verlief ihr beruflicher Werdegang parallel.
Die Begeisterung für die Werke der sogenannten „Neuen Frankfurter Schule“, einer Gruppe von Autoren und Zeichnern, die die bundesrepublikanische Nachkriegssatire- und Humorlandschaft mit den Zeitschriftengründungen von pardon und Titanic bestimmt und beeinflusst hat, führte 1988 schließlich zur festen Mitarbeiterschaft. Dort entstanden u. a. die politischen Comicserien „Genschman“ und „Die roten Strolche“.
Seit 1996 zeichnen sie gemeinsam regelmäßig für die Frankfurter Allgemeine Zeitung, seit 2004 darüber hinaus für den Stern.
www.greser-lenz.de

45

Gibt es ein Entrinnen vor dem Fluch der neuen Welt?

Markus Grolik

wurde 1965 in München geboren. Er machte eine Ausbildung zum Modegrafiker und arbeitete als Kinoplakatmaler, bevor er Kunst studierte. Neben Illustrieren und Schreiben von Kinderbüchern sind Comics seine große Leidenschaft.
2004 ICOM Independent Comic Preis auf dem Comic-Salon Erlangen.
2003 Atelierstipendium des Bayrischen Ministeriums für Wissenschaft, Forschung und Kultur.
2009 Auszeichnung auf der Papkinada in Polen.
Als Autor schuf er u. a. die Serie um den Privatdetektiv Perry Panther und wurde dafür 2003 für den deutschen Kinderkrimipreis nominiert.
Seit 2009 Editorial-Cartoon für die Fachzeitschrift HMD-Praxis der Wirtschaftsinformatik.
www.toonpool.com

58, 59

Oleg Gutsol
1964 in der Ukraine geboren. 1994 Abschluss Journalistenausbildung Universität Kiew.
Seit 1987 Veröffentlichung von Karikaturen in vielen Zeitungen und Magazinen. Teilnahme an mehr als 400 internationalen Karikaturistenwettbewerben und Ausstellungen.
Zahlreiche Preise, u. a. 1. Preis in Budapest/Ungarn (2008) und Russe/Bulgarien (2009).

2, 7

Walter Hanel
1930 in Teplitz-Schönau (Tschechische Republik) geboren. Meisterschüler der Kölner Werkschule, ab 1958 Zeichnungen in Simplicissimus, Pardon, Kölner Stadtanzeiger, Rheinischer Merkur, seit 1989 auch für Frankfurter Allgemeine Zeitung.
Zahlreiche Buchveröffentlichungen, vielfacher Preisträger im In- und Ausland, zahlreiche Ausstellungen.
Lebt und arbeitet in Bergisch-Gladbach.

44

Barbara Henniger
1938 in Dresden geboren. Architekturstudium an der TH Dresden. Ausbildung und Tätigkeit als Journalistin an einer Dresdner Tageszeitung.
Lebt und arbeitet seit 1967 in Strausberg bei Berlin. Freischaffende Karikaturistin, ständige Mitarbeiterin des Eulenspiegel. Buchillustrationen, Plakate, Kalender, Kabarettausstattung. Zahlreiche Bücher, Preise und Ausstellungen.
www.barbarahenniger.de

56

Anton Heurung
Geboren 1957 in Bad Neustadt/Saale.
1979 – 1984 Studium Graphik/Design an der FH Würzburg
1985 – 1993 Tätigkeit als Illustrator/Werbegraphiker für Werbeagenturen in Frankfurt/Main.
1993 – 2002 freischaffender Künstler und Graphiker in Münnerstadt.
Seit 2002 freischaffend in Aschaffenburg.
Seit 2010 beim Lappan-Verlag in 12 Cartoonsamplern vertreten
www.antonheurung.de

8, 9, 24, 25

Helmut Jacek
1942 geboren in Aussig an der Elbe. Studium an der Berliner Humboldt-Universität.
Tätigkeit als Lehrer (Kunsterziehung), als Rundfunkjournalist (Radio Berlin International), als Karikaturist (1980 bis 1993 bei der Berliner Zeitung).
Veröffentlichungen im Eulenspiegel sowie in weiteren Presseorganen des In- und Auslandes, Beteiligung an zahlreichen nationalen und internationalen Ausstellungen mit Preisen und lobenden Erwähnungen). Mitglied der FECO (Federation of Cartoonists Organisations).
Wohnhaft in Berlin.
www.helmut-jacek.de

52, 80

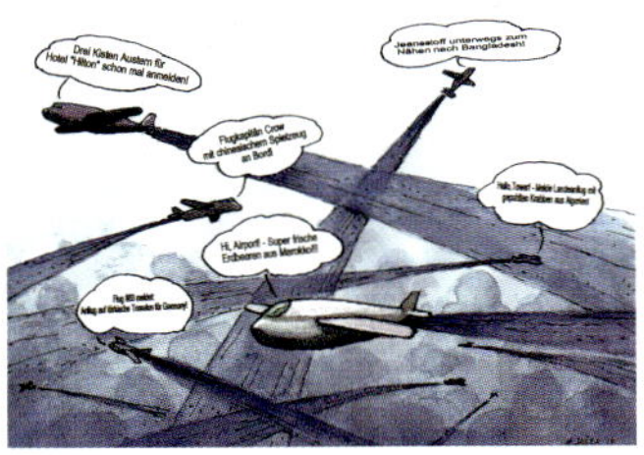

Petra Kaster
Geboren 1952 in Mülheim an der Ruhr. Studium an der Folkwang-Hochschule für Gestaltung in Essen. Volontariat beim SWF Baden Baden/Fernsehen, Stipendium des Kultusministeriums Düsseldorf: Studium am Art´s Institute Lesley College, Boston/USA, Fachbereich Intermediale Kunsttherapie, Ausbildung am Hakomie Institut Heidelberg. Trickfilmautorin und Realisatorin für den SWF, NDR, WDR, und das ZDF. Buchveröffentlichungen in mehreren Verlagen. Ausstellungen in Deutschland, Holland, der Schweiz, den USA und Kanada. Veröffentlichungen in u. a. in der Rheinpfalz, dem Mannheimer Morgen, der Süddeutschen Zeitung, der Sächsischen Zeitung, dem Eulenspiegel.
www.petrakaster.de

48

Uwe Krumbiegel
Jahrgang 1962, aufgewachsen im sächsischen Flöha.
Studium der Energietechnik an der Bergakademie Freiberg, seitdem als Diplomingenieur beruflich tätig.
Seit 1988 nebenberuflicher Cartoonist mit Veröffentlichungen in Zeitungen und Magazinen wie Freie Presse, Leipziger Volkszeitung oder Eulenspiegel.
Lebt in der Nähe von Freiberg.
www.uwe-krumbiegel.de

47, 64

Erik Liebermann
1942 in München geboren. Absolvent der Hochschule für Gestaltung Ulm als Industrie-Designer.
Erste Cartoon-Veröffentlichungen 1969. Seit 1975 hauptberuflich Cartoonist, aktiv auch als Fotograf und Aquarellist. Zahlreiche Veröffentlichungen, viele Ausstellungen.
Lebt und arbeitet in Steingaden.
www.liebermann-cartoons.de

36, 60, 61

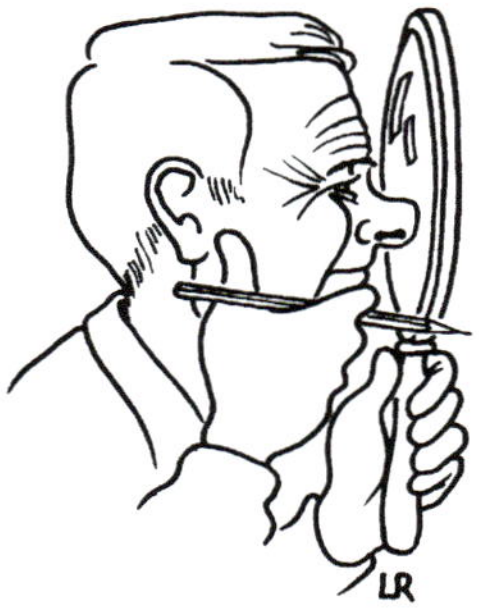

Reinhold Löffler
1941 im Sudentenland geboren, anschließend in Bayern aufgewachsen. Zeichnet seit 1980. Seit 1991 freischaffender Cartoonist. Veröffentlichungen in deutschen und ausländischen Tageszeitungen, Fachzeitschriften und Illustrierten. Buchveröffentlichungen. In seiner Publikation „Ins Bild geschlichen“ hat er die Gesichter von rund 70 Prominenten, darunter Politiker, Sportler und Schauspieler, in berühmte Gemälde hineinmontiert.
Lebt in Dinkelsbühl.

75

Luff
(Rolf Henn), 1956 in Idar-Oberstein geboren. Studium der Kunsterziehung an der Universität Mainz, freier Industrie- und Grafikdesigner. Politische Karikaturen (Mainzer Allgemeine) seit 1987. Heute Zeichner für weitere namhafte Zeitungen und begabter Schnellzeichner. Jahrbücher mit Karikaturen seit 1989 unter dem Titel »ERTAPPT!«.
Mehrfach ist LUFF Preisträger bei Wettbewerben, so 2008 Sieger und 2010 Zweitplatzierter beim Deutschen Preis für die politische Karikatur der Akademie für Kommunikation in Stuttgart.
Lebt und arbeitet in Hennweiler im Hunsrück.

63

Waldemar Mandzel
1948 in Husum geboren. Nach dem Grafik-Design-Studium seit 1974 freischaffender Maler, Designer und Karikaturist.
Cartoons in vielen Illustrierten, Magazinen und Zeitungen. Ausstellungen, Preise, Satire- und Cartoon-Bücher.
Lebt und arbeitet in Bochum.

76, 77

Johann Mayr
1956 in München geboren, arbeitete längere Zeit als Gartenarchitekt, bis er sich 1990 als Cartoonist selbstständig machte.
Autor von vielen Cartoonbüchern, Zeichner einer kritischen Fernsehserie.
Lebt in Bayern.
www.johannmayr.de

34, 35, 37, 78, 79, 86, 96, 97, 99

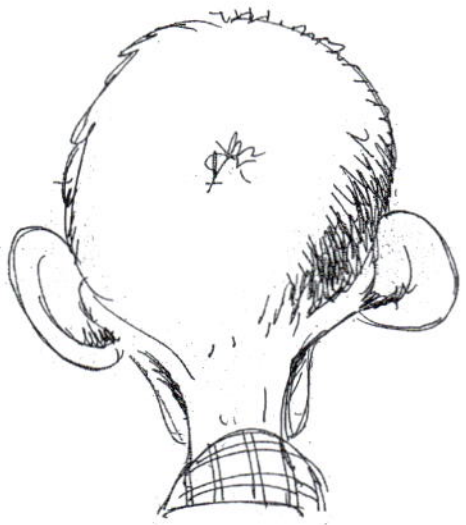

Gerhard Mester
1956 in Betzdorf (Sieg) geboren. Grafik-Design-Studium in Kassel.
Seit 1984 freier Karikaturist. Preise, Bücher und Ausstellungen. Auszeichnungen u. a. 2012 Karikaturenpreis des Bundesverbands Deutscher Zeitungsverleger (BDZV).
Lebt und arbeitet in Wiesbaden.

12, 16, 30, 74, 88, 89

Til Mette
Geboren 1956 als Gotthard-Tilmann Mette. Studium Geschichte und Kunst in Bremen. 1985 Mitbegründer der TAZ Bremen 1985.
Lebte über 15 Jahre mit seiner Familie in New York, kehrte 2007 nach Hamburg zurück. Seit über 15 Jahren ganzseitig im Stern vertreten. 2009 erhielt Til Mette den deutschen Karikaturenpreis in Gold. Zahlreiche Buchveröffentlichungen. Lebt z. Zt. wieder in den USA.

46, 50, 68, 83

Nel (Ioan Cozacu)
1953 in Klausenburg (Rumänien) geboren. Studium an der Hochschule für industrielle Formgestaltung Burg Giebichenstein, Halle.
Seit 1984 als freischaffender Cartoonist und Buchillustrator tätig. Mitarbeit bei verschiedenen Tageszeitungen und Verlagen.
Lebt und arbeitet in Erfurt.
www.nelcartoons.de

1, 18, 19, 40, 41

Martin Perscheid
Geboren 1966.
Schulische Laufbahn ohne Höhepunkte.
Ausbildung zum Druckvorlagenhersteller.
Seit 1994 als freiberuflicher Witzbildzeichner tätig.
Verheiratet, zwei Söhne im Grundschulalter.

10, 11, 32, 33, 42, 43

IM BIOSTALL

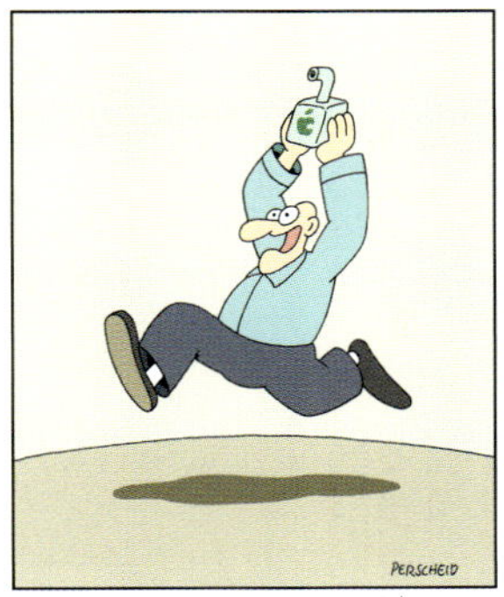
ENDLICH DA: DAS NEUE I-DINGS!

Christiane Pfohlmann
Geboren 1968 in Bamberg.
Ausbildung zur Fotografin.
Seit 1997 freie Karikaturistin, Schülerin von F. W. Bernstein und Roy Vidal. Veröffentlichungen in Fränkischer Tag, Süddeutsche Zeitung, Ruhr Nachrichten, Neues Deutschland und zahlreichen anderen deutschen Tageszeitungen und Zeitschriften. Arbeitet unter dem Namen „Chriss“ auch als Schnellzeichnerin.
Seit 2012 Lehrauftrag an der Ostbayerischen Technischen Hochschule Regensburg.
Lebt und arbeitet in Landsberg am Lech.

26, 27, 93

Thomas Plaßmann
1960 in Essen geboren.
Studium der Geschichte und Germanistik und Ausbildung zum Tischler.
Seit 1987 freischaffender Cartoonist und Karikaturist für verschiedene Tageszeitungen, u. a. Frankfurter Rundschau.
Zahlreiche Preise, Buchprojekte, Ausstellungen und Auszeichnungen.
Lebt und arbeitet in Essen.
www.thomasplassmann.de

4, 72, 73

Marlene Pohle
Gebürtige Argentinierin aus Lomas de Zamora (b. Buenos Aires).
Kritzelte ihre ersten Hunde und Männekens an die Wände des Elternhauses. Lehrerin an deutschen Schulen. Lange Zeit Aquarellmalerei und Aktzeichnungen, später Cartoons. Erste professionelle Arbeiten in der Humorzeitschrift Hortensia. 1992 Reise nach Deutschland, um Schulbücher zu illustrieren. Seitdem wohnt sie in Stuttgart. Fühlt sich als Weltbürgerin.
Illustrationen für Bücher und Multimedia, Veröffentlichungen von Cartoons z.B. im Nebelspalter. Karikaturen live bei Veranstaltungen, Festivals, Messen. Seminare u. a. über Humor, Frauen im graphischen Humor. 1997 1. Präsidentin von FECO Deutschland, der Föderation von Cartoon-Organisationen, seit 2005 FECO President General.
marlene-pohle.de

62

Polo
André POLOczek, geb. 1959, arbeitet als freier Cartoonist und Autor in Wuppertal.
Germanistik- und Soziologiestudium in Düsseldorf/Wuppertal.
Karikaturen und Texte erschienen bisher u. a. in: Der Rabe, Eulenspiegel, Frankfurter Rundschau, GEO Saison, iTALien, Konkret, Mare, Metallzeitung, Nebelspalter, Pardon, Stern, Süddeutsche Zeitung, taz, Titanic.
1992 erster eigener Cartoonband; seither zahlreiche Buchveröffentlichungen. 1. Preis beim „Berliner Karikaturensommer 1996“. 2. Platz beim „Deutschen Karikaturenpreis 2002“.
www.polo-cartoon.de

51, 94

Andreas Prüstel
1951 in Leipzig geboren, 2019 in Berlin gestorben. War Bauarbeiter, Heizer, Gleisbauer, Technischer Zeichner u.a. Lebte seit 1978 in Berlin. Nach mehreren Ausstellungen durfte er 1988 dem Verband der bildenden Künstler beitreten und war somit berechtigt, offiziell als freier Künstler in der DDR zu arbeiten. Erste Veröffentlichungen nach der Wende. Seitdem erschienen seine Collagen und Cartoons in Eulenspiegel, zitty, taz, Sächsische Zeitung, Straßenfeger, financial times und bei spiegel-online.de
andreas-pruestel.cartooncommerz.de

22, 23, 38, 39, 84

RABE
Eigentlich Ralf Böhme, geb. 1956 in Plauen, lebt in Bad Liebenstein, verheiratet, ein Kind. Seit Kindheit an Beschäftigung mit der Thematik Karikatur, 1972-74 Ausbildung als Schriftenmaler und Werbedesigner, Tätigkeit in Werbeagenturen, seit 1991 freiberuflich als Karikaturist und Pressezeichner tätig, ab 1987 mehrere eigene Ausstellungen in Thüringen, sowie Beteiligungen an Cartoonwettbewerben in Deutschland (1999 1. Preis "Goldene Feder" in Lübben) und dem Ausland. Karikaturenveröffentlichungen in verschiedenen Zeitungen und Zeitschriften u. a.: EULENSPIEGEL, Sächsische Zeitung, Süddeutsche Zeitung, Hamburger Abendblatt, Financial Times Deutschland. Cartoonbücher im TOMUS-Verlag, u. a.: Fröhliches Wörterbuch Computer, Fröhliches Wörterbuch Verarztet. Weitere Bücher u. a.: Thüringer Schmunzelgeschichten, Alles in Butter, Schöne Bescherung, Sachsensprüche, Die besten Ärztewitze.
2001 animierte RABE-Cartoons im mdr-Fernsehen.

31

Wenn die Fastenzeit beginnt...

Erich Rauschenbach
1944 in Lichtenstein geboren. 1969 bis 1973 Grafik-Design Studium an der Hochschule der Künste in Berlin. Seitdem arbeitet er als freiberuflicher Karikaturist und Illustrator für Verlage, Zeitungen, Zeitschriften und das Fernsehen. Bisher erschienen über 50 Bücher seiner Cartoons. Von 1994 an entstand eine Serie von mehr als 50 Acrylbildern („Alle meine Mädels"), die in Ausstellungen u. a. in Berlin (Lindencorso), Kassel (Caricatura), Greiz (Sommerpalais) und im Wilhelm-Busch-Museum in Hannover gezeigt wurden. Rauschenbach lebt in Berlin.
www.erich-rauschenbach.de

90, 91

Heiko Sakurai

1971 in Recklinghausen geboren. Studium der Germanistik, Geschichte und Politik (M.A.). Zeichnet seit 1991 Karikaturen für die Westdeutsche Allgemeine Zeitung, inzwischen auch für die Financial Times und die Welt am Sonntag. Kinderbücher, Ausstellungen.
Lebt und arbeitet in Köln.

6, 66, 67

Karl-Heinz Schoenfeld

Geboren 1928 in Oranienburg.
Von 1960 bis 1974 unter Karl-Heinz Hagen und Peter Boenisch Stammzeichner der BILD-Zeitung.
Von 1975 bis 2009 Hauskarikaturist des HAMBURGER ABENDBLATT, daneben arbeitete er von 1980 bis 1987 für die Satiresendung Schlussstrich des NDR-Fernsehens.
Von 1994 bis 2001 belieferte Schoenfeld u. a. die DPA-Tochter NEWS AKTUELL.
Karikaturenpreise u. a. in Deutschland, England, Kanada, Japan und Italien.
Außer an zwei eigenen Büchern wirkte er bis heute auch an ca. 200 Publikationen mit.
Zurzeit arbeitet Karl-Heinz Schoenfeld fast täglich und beliefert noch einige seiner Stamm-Zeitungen wie die Märkische Oderzeitung, Mitteldeutsche Zeitung, Südkurier, Südwest Presse, Osnabrücker Zeitung, Hamburger Abendblatt, Nordbayerischer Kurier etc.
Lebt und arbeitet seit 1999 in Potsdam.

81

Reiner Schwalme

1937 in Liegnitz geboren.
Studium Gebrauchsgrafik in Berlin. Diplomdesigner.
Seit 1966 freiberuflicher Illustrator.
Seit 1985 Mitarbeiter des Satiremagazins Eulenspiegel.
Politische Karikaturen für Handelsblatt, Tagesspiegel u. v. a. Mitarbeiter vieler Verlage. Mehrfach erster Preis bei „Deutscher Preis für politische Karikatur“ und beim Wettbewerb der Deutschen Zeitungsverleger „Rückblende“, 1. Preis beim internationalen Karikaturenwettbewerb EXPO 2000, Publikumspreis beim Festival in Knocke Heist, „Thomas Nast-Preis“ u. v. a.
Reiner Schwalme ist verheiratet, hat drei Söhne und lebt im Spreewald.
www.schwalme.de

3, 65

SOBE

Peter Zimmer, geboren 1940 in Wuppertal, lebt seit 2007 in Edewecht bei Oldenburg. Studium zum Grafik-Designer. Art- und Creative-Director in mehreren internationalen Werbeagenturen. Beginnende Metamorphose zum Freiberufler während einer Jugoslawienfahrt 1980.
Die immer wieder an Privathäusern plakatierte Aufforderung SOBE (Zimmer frei) wirkte nachhaltig und wörtlich. Somit folgte 1981 der berufliche Schnitt: SOBE erblickte das Licht des freien Marktes. Zahlreiche Cartoons und Illustrationen unter anderem für Nebelspalter, Eulenspiegel und Westdeutsche Zeitung.
Zahlreiche Ausstellungsbeteiligungen im In- und Ausland.
Preise u.a.: „Bis zum Abpfiff“ Aachen, Internationaler Cartoon-Contest 2011, 1. Preis; „Du bist nicht allein“. Deutscher Cartoonpreis Carlsen Verlag/Hamburg und Buchmesse Frankfurt 2012, 1. Preis.
www.sobecartons.de

85

Klaus Stuttmann
1949 in Frankfurt/Main geboren. Studium der Kunstgeschichte und Geschichte, Magister. Politischer Karikaturist, Layouter, Plakatemacher, Illustrator. Veröffentlichungen in einer Reihe von Zeitungen, z. B. Leipziger Volkszeitung, Tagesspiegel, taz, Eulenspiegel.
Lebt und arbeitet in Berlin.

17, 82

Jan Tomaschoff
Dr. med., geboren 1951 in Prag. Mit zwölf Jahren erste Veröffentlichungen. Seit 1966 in Deutschland. Kunstakademie Düsseldorf, danach Medizinstudium. Seit 1990 Cartoons in verschiedenen Zeitungen und Zeitschriften.
Lebt und arbeitet in Düsseldorf.
www.jan-tomaschoff.de

28, 29

Freimut Woessner
1945 in Allensteig (Österreich) geboren. Aufgewachsen im Schwäbischen. Seit 1980 Karikaturist und Verfasser lustiger Texte. Ausstellungen und Buchveröffentlichungen.
Lebt und arbeitet in Berlin.
www.freimut-woessner.de

5, 14, 15, 53

Martin Zak
MARTIN ZAK wurde 1972 im polnischen Bytom geboren. 1990 siedelte er nach Deutschland über, wo er einige Jahre später sein Studium der visuellen Kommunikation, Schwerpunkt Illustration, an der Fachhochschule Bielefeld abschloss. Heute lebt und arbeitet er als freischaffender Cartoonist und Illustrator in Köln.
Seine Cartoons erscheinen bei verschiedenen Verlagen und werden regelmäßig in Zeitungen und Zeitschriften im deutschsprachigen Raum veröffentlicht.

92

Impressum

In 99 Karikaturen zu Themen wie Lebensstil, Konsum, Klimawandel und Gerechtigkeit wagen 40 Karikaturisten in diesem Katalog einen überraschend anderen Blick auf die Herausforderungen unserer Zeit. Auf witzige, verblüffende und manchmal auch erschreckende Weise regen sie zum Nachdenken an über die Abgründe unseres individuellen Verhaltens, aber auch über die großen weltpolitischen Zusammenhänge.

Herausgeber:
Bischöfliches Hilfswerk MISEREOR e.V. und Erzbistum Bamberg

Koordination:
Michael Kleiner und Angela Lohausen

Jury:
Roland Baierl, Eva-Maria Heerde-Hinojosa, Stefanie Jahrsdörfer, Michael Kleiner, Petra Kilian, Angela Lohausen, Prof. Gerhard Seitz.

Redaktion:
Michael Kleiner

Gestaltung:
bureau visuel Bamberg, Christine Kaufmann

Ausstellungsgestaltung:
Werbetechnik Albert, Schwalmstadt

Druck:
Aktiv Druck & Verlag GmbH, Bamberg/Ebelsbach, Neuauflage 2020

Titelzeichnung:
Nel

Zeichnung Rückseite:
Johann Mayr

FSC www.fsc.org
RECYCLED
Papier aus Recyclingmaterial
FSC® C117439

Verkauf:
Der Katalog „Glänzende Aussichten. 99 Karikaturen zu Klima, Konsum und anderen Katastrophen" kann zum Stückpreis von € 5,00 erworben werden und ist bestellbar bei der MVG, Best.-Nr. 5 557 15, bestellung@eine-welt-shop.de, www.eine-welt-shop.de, Tel.: 0241/47986 100, sowie im Erzbischöflichen Ordinariat Bamberg, Stabsstelle Projektarbeit, Tel.: 0951/502 1542, projekte@erzbistum-bamberg.de.

Wanderausstellung:
Es gibt mehrere Exemplare der Ausstellung. Konkrete Ausleihmodalitäten und freie Zeiträume erfragen Sie bitte bei den Ansprechpartnerinnen:

Erzbistum Bamberg:
projekte@erzbistum-bamberg.de Tel.: 0951/502 1542

Bischöfliches Hilfswerk MISEREOR e. V.:
E-Mail: ausstellungen@misereor.de Tel.: 0241/442279
in Berlin: berlin@misereor.de Tel.: 030/443 519 80
in Bayern: bayern@misereor.de Tel.: 089/598 279

Weitere Informationen zu den Ausstellungen sowie Begleitmaterial finden Sie hier:
www.misereor.de/mitmachen/ausstellungen/karikaturenausstellung

Die Karikaturen geben – sofern nicht anders gekennzeichnet – die Meinung des jeweiligen Zeichners/der Zeichnerin wieder, die nicht in jedem Fall mit der Auffassung der Herausgeber übereinstimmt.

Gedruckt auf 100% Recycling-Papier.

ISBN: 978-3-931432-36-2